Impressum
Verlag: BABADADA GmbH, Nedderfeld 112 , 22529 Hamburg
Geschäftsführer / Verlagsleitung: Harald Hof
Druck: Books on Demand GmbH, In de Tarpen 42, 22848 Norderstedt

Imprint
Publisher: BABADADA GmbH, Nedderfeld 112 , 22529 Hamburg, Germany
Managing Director / Publishing direction: Harald Hof
Print: Books on Demand GmbH, In de Tarpen 42, 22848 Norderstedt

school

dugsi

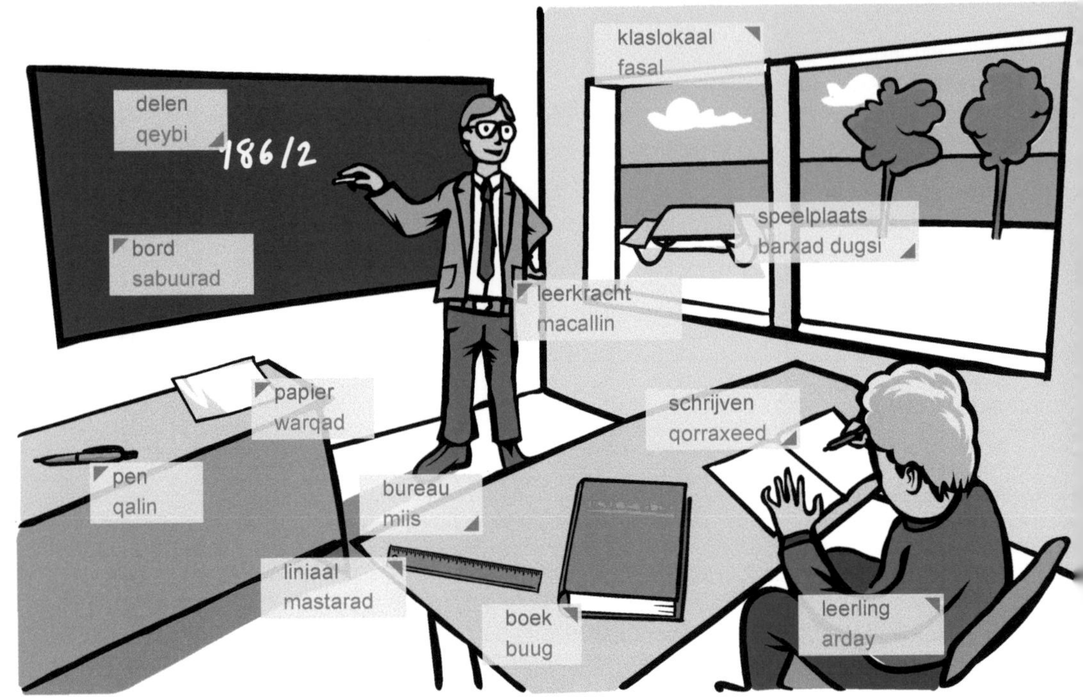

klaslokaal
fasal
delen
qeybi
186/2
bord
sabuurad
speelplaats
barxad dugsi
leerkracht
macallin
papier
warqad
schrijven
qorraxeed
pen
qalin
bureau
miis
liniaal
mastarad
boek
buug
leerling
arday

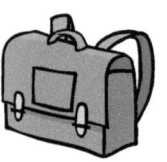

schooltas

boorso

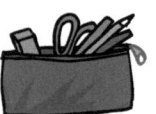

pennenzak

kiis qalin-qori

potlood

qalin-qori

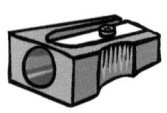

puntenslijper

koobka qalin qor

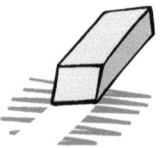

gom

titirre

tekenblok

buugga sawirka

tekening

sawirid

verfborstel

burushka midabaynta

verfdoos

gasaca midabaynta

schaar

maqasyo

lijm

koollo

werkboek

buug qoraal

huiswerk

shaqo-guri

nummer

lambar

optellen

ku dar

aftrekken

ka jar

vermenigvuldigen

ku dhufo

rekenen

xisaabi

letter

warqad

alfabet

alifbeeto

woord

erey

tekst

qoraal

Lezen

akhri

krijt

jeesto

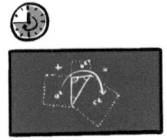

les

cahsar

klassenboek

diiwaan

examen

imtixaan

certificaat

shahaado

schooluniform

direes dugsi

onderwijs

waxbarasho

encyclopedie

diwaan mowduuceed

universiteit

jaamacad

microscoop

mayskariskoob

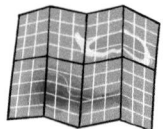

kaart

khariidad

papiermand

haan qashin-gur

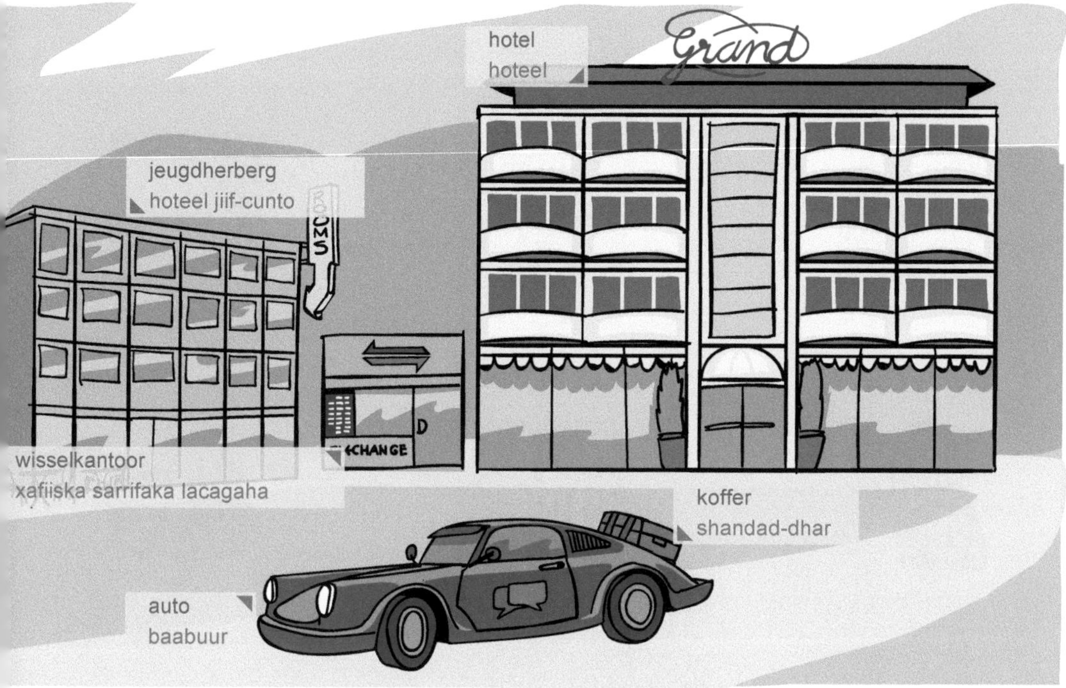

hotel
hoteel
Grand
jeugdherberg
hoteel jiif-cunto
ROOMS
CHANGE
wisselkantoor
xafiiska sarrifaka lacagaha
koffer
shandad-dhar
auto
baabuur

Taal
luuqad

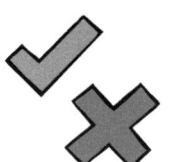

ja / nee
haa / maya

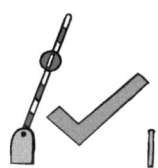

oké
Hagaag

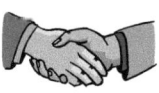

hallo
nabad miyaa

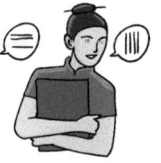

vertaler
turjumaan

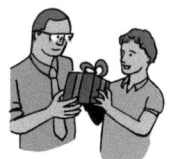

bedankt
Waad mahadsan tahay

Hoeveel kost …?

waa immisa…?

Ik begrijp het niet

ma aanan fahamin

probleem

dhibaato

Goedenavond!

galab wanaagsan!

Goedemorgen!

subax wanaagsan!

Goedenavond!

habeen wanaagsan!

Tot ziens

nabad gelyo

richting

jiho

bagage

alaabo

zak

boorso

rugzak

boorso-dhabar

gast

marti

kamer

qol

slaapzak

katiifad

tent

teendho

toeristeninformatie
xog dalxiis

strand
xeebta

kredietkaart
kaar amaah

ontbijt
quraac

lunch
qado

avondeten
casho

ticket
rasiid

lift
wiish

postzegel
tiimbare

grens
xuduud

douane
qeybta-canshuur-bixinta

ambassade
safaarad

visum
dal ku gal

paspoort
baasaboor

transport
gaadiid

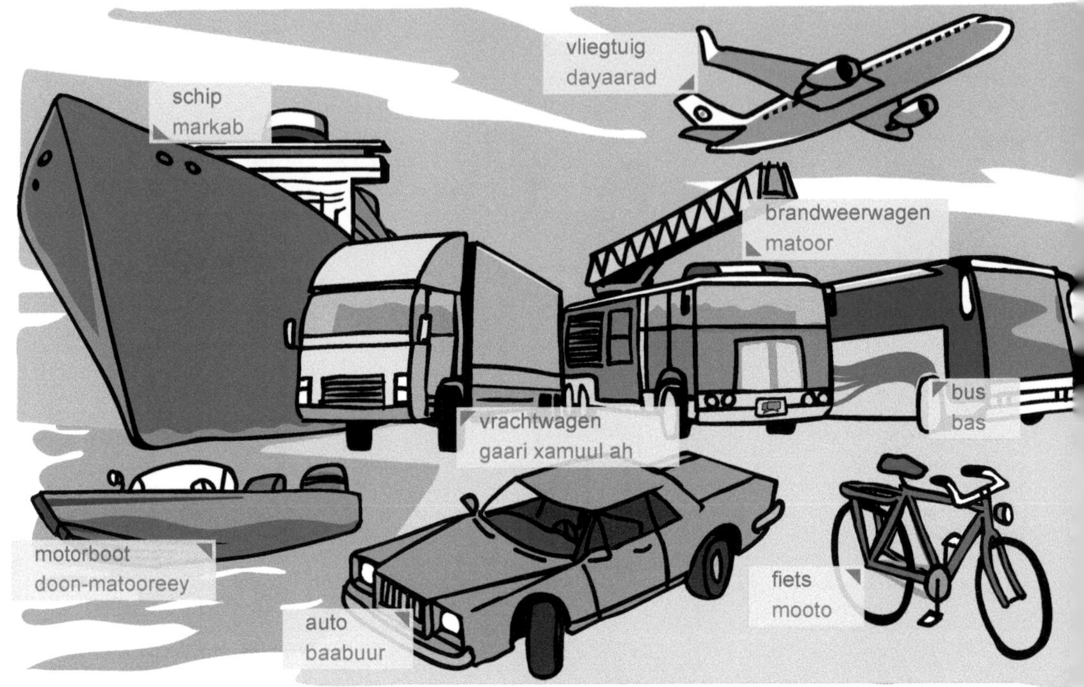

vliegtuig
dayaarad
schip
markab
brandweerwagen
matoor
bus
bas
vrachtwagen
gaari xamuul ah
motorboot
doon-matooreey
fiets
mooto
auto
baabuur

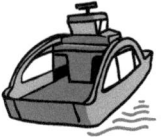

veerboot

doon

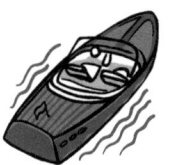

boot

doonnida

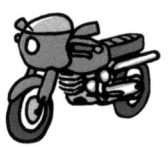

motor

mooto

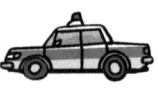

politiewagen

baabuur booliis

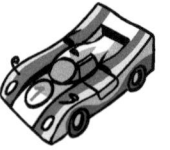

racewagen

baabuur baratan

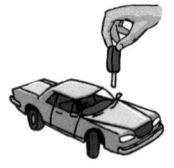

huurauto

baabuur la-kiraysto

carpoolen
gaadiid-wadaag

sleepwagen
wiishle

vuilniswagen
gaari qashin-gure

motor
matoor

benzine
shidaal

benzinestation
ajib

verkeersbord
calaamad taraafiko

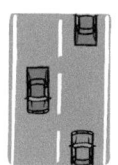

verkeer
taraafiko

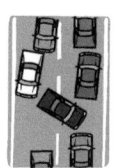

file
jaam baabuur

parkeerplaats
baarkin-baabuur

station
boosteejo torcen

sporen
waddo-tareen

trein
tareen

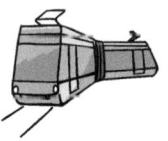

tram
taraam

wagon
gaari faras

helikopter

helikobtar

luchthaven

garoonka dayuuradaha

toren

manaarad

passagier

rakaab

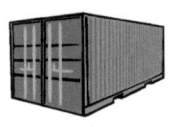

container

weel

karton

kartoon

kar

gaari faras

mand

dambiil

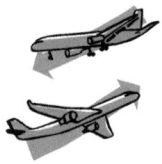

opstijgen / landen

kicid / degis

stad

magaalo

dorp

tuulo

stadscentrum

faras magaale

huis

guri

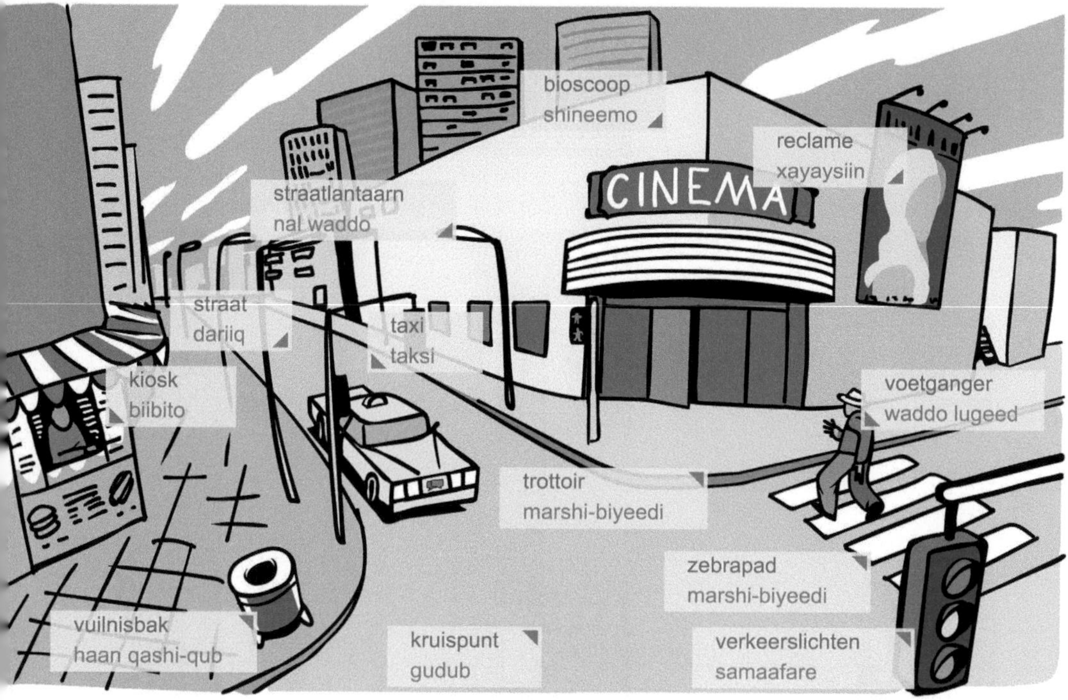

bioscoop
shineemo

reclame
xayaysiin

straatlantaarn
nal waddo

CINEMA

straat
dariiq

taxi
taksi

kiosk
biibito

voetganger
waddo lugeed

trottoir
marshi-biyeedi

zebrapad
marshi-biyeedi

vuilnisbak
haan qashi-qub

kruispunt
gudub

verkeerslichten
samaafare

hut

mundul

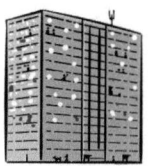

woning

dabaq

station

boosteejo tareen

stadshuis

karunta dowladda-hoose

museum

matxaf

school

dugsi

universiteit

jaamacad

bank

bangi

ziekenhuis

isbitaal

hotel

hoteel

apotheek

farmasi

kantoor

xafiis

boekwinkel

buug shoob

winkel

dukaan

bloemenwinkel

dukaan ubax

supermarkt

carwo

markt

suuq

warenhuis

suuq weyne

vishandelaar

kalluun-iibshe

winkelcentrum

suuq

haven

furdo

park

jardiino

bank

kursi

brug

buundo

trap

jaraanjaro

metro

waddo-tareen-hoosaad

tunnel

waddo-dhul hoose

bushalte

boosteejo

bar

baar

restaurant

makhaayad

brievenbus

sanduuq boosto

straatnaambord

calaamad waddo

parkeermeter

joogid-cabblre

zoo

beer-xayawaan

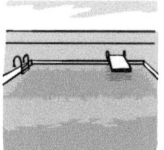

zwembad

barkad dabbaalasho

moskee

masaajid

boerderij

beer

milieuverontreiniging

naqas

kerkhof

qabuuro

kerk

kaniisad

speelplaats

garoon

tempel

macbad

landschap

muqaal-dhireed

blad
caleen

wegwijzer
calaamad-waddo

weg
waddo

weide
seere

steen
dhagax

boom
geed

wandelaar
buur korre

rivier
webi

gras
caws

bloem
ubax

vallei

dooxo

heuvel

buur

meer

laag

bos

kayn

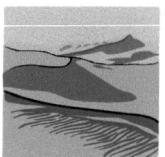

woestijn

saxare

vulkaan

foolkaano

kasteel

qasri

regenboog

qaanso-roobaad

paddenstoel

barkin-waraabe

palmboom

geed timireed

mug

kaneeco

vlieg

duqsi

mier

qoraanjo

bijl

shinni

spin

caaro

kever

dameer-duudeey

kikker

rah

eekhoorn

dabagaalle

egel

kashiito˙

haas

dabagaalle

uil

guumeys

vogel

shimbir

zwaan

boolo-boolo

wild zwijn

doofaar-jilibeey

hert

deero

eland

faras-duur

dam

biyo-xireen

windturbine

tamar-dhaliye

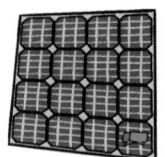

zonnepaneel

soollar

klimaat

cimilo

ober
kabalyeeri

menu
warqad qiimo

stoel
kursi

soep
maraq

pizza
biise

tafelkleed
maro-miis

bestek
alaab

voorgerecht
af-billow

hoofdgerecht
cunto bariimo

nagerecht
macmacaan

drankjes
cabitaan

eten
cunto

fles
dhalo

fastfood

cunto diyaarsan

street food

cunto-waddo

theepot

jalmad shaah

suikerpot

weelka sonkorta

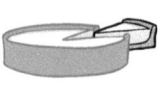

portie

qayb

espressomachine

mashiinka isbareesada

kinderstoel

kursi dheer

rekening

biil

dienblad

tereey

mes

mindi

vork

fargeeto

lepel

qaaddo

theelepel

malqacad-shaah

serviette

shukumaan miis

glas

galaas

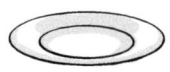

bord
saxan

soepbord
saxanka maraqa

schoteltje
saxan

saus
suugo

zoutvatje
weelka cusbada

pepermolen
basbaas shiide

azijn
fixiye

olie
saliid

kruiden
dhandhanaan

ketchup
suugo

mosterd
mastaard

mayonaise
mayoonees

supermarkt
carwo

aanbieding
qiima dhimis qaas ah
FOR
klant
macmiil
zuivelproducten
caano
fruit
miro
winkelwagen
gaariga adeega

BUTCHERS

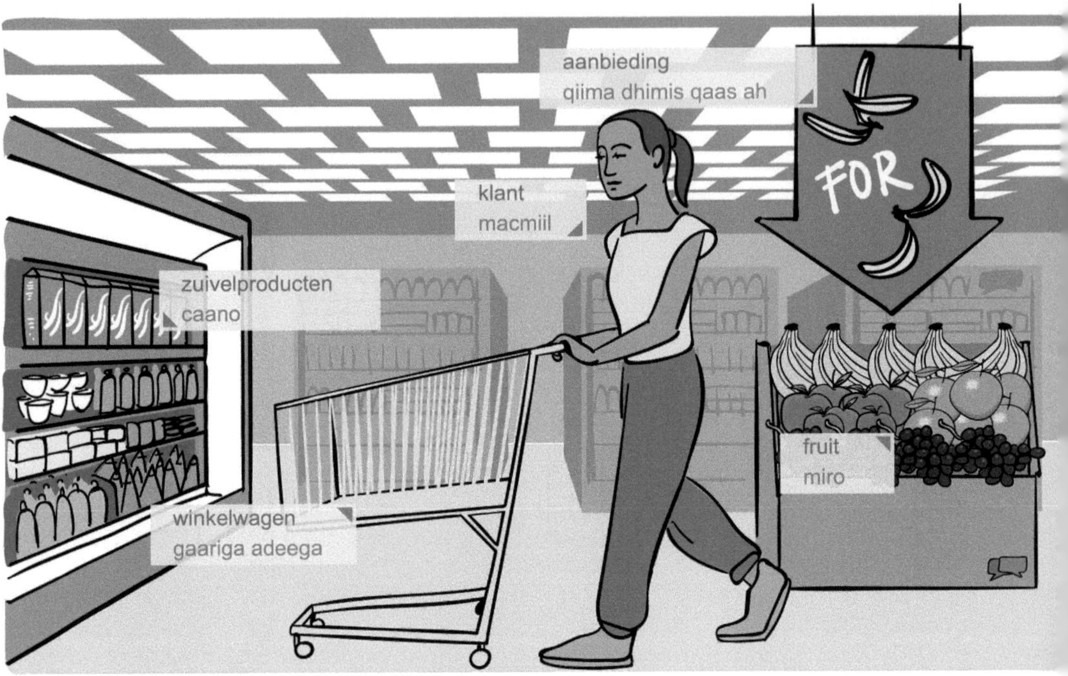

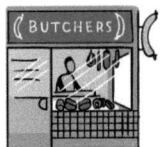

slagerij

kawaan

BAKERY

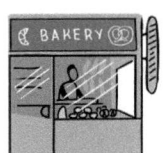

bakkerij

foorno

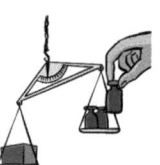

wegen

cabbir

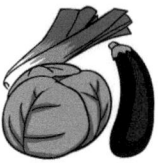

groenten

khudaar

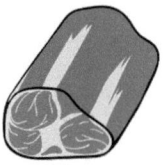

vlees

hilib

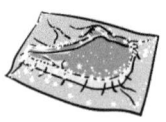

diepvriesvoedsel

cunto la qaboojiyay

charcuterie

hilibka qadada

conserven

cunto gasacadeysan

waspoeder

oomo

snoep

macmacaan

huishoudproducten

alaabada guri

schoonmaakproducten

alaabo nadaafad

verkoopster

iibshe

kassa

diiwaan lacagta

kassier

qasnaji

boodschappenlijstje

liis adeeg

openingstijden

saacadaha shaqo

portefeuille

shandada jeebka

kredietkaart

kaar amaah

tas

bac

plastieken zakje

bac

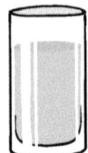

water
biyo

sap
casiir

melk
caano

cola
kooka-kola

wijn
khamri

bier
biir

alcohol
khamri

cacao
kooke

thee
shaah

koffie
kafee

espresso
isberesso

cappuccino
koobishiin

banaan

muus

appel

tufaax

sinaasappel

liin-bambeelmo

meloen

qare

citroen

liin

wortel

karooto

knoflook

toon

bamboe

baambuu

ajuin

basal

champignon

barkln-waraabe

noten

loos

noodles

baasto

spaghetti

baasto

rijst

bariis

salade

salar

frieten

jibsi

gebakken aardappelen

baradho shiilan

pizza

biise

hamburger

haambeegar

sandwich

saanwij

kalfslapje

hilib-jiir

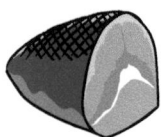

ham

hilib-doofaar

salami

salami

worst

sooseej

kip

hilib-digaag

braden

duban

vis

kalluun

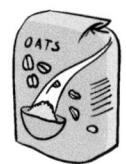

havervlokken

sareenta mashaarida

muesli

quraac isku-dhafan

cornflakes

daango

bloem

bur

croissant

nooc rooti ah

pistolet

rooti

brood

rooti

toast

rooti-la-kulluleeyey

koekjes

buskud

boter

subag

kwark

hantl

taart

doolsho

ei

ukun

spiegelei

ukun shiilan

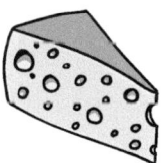

kaas

burcad

ijs

jalaato

suiker

sonkor

honing

malab

confituur

malmalaado

choco

labeen macmacaan

curry

suugo

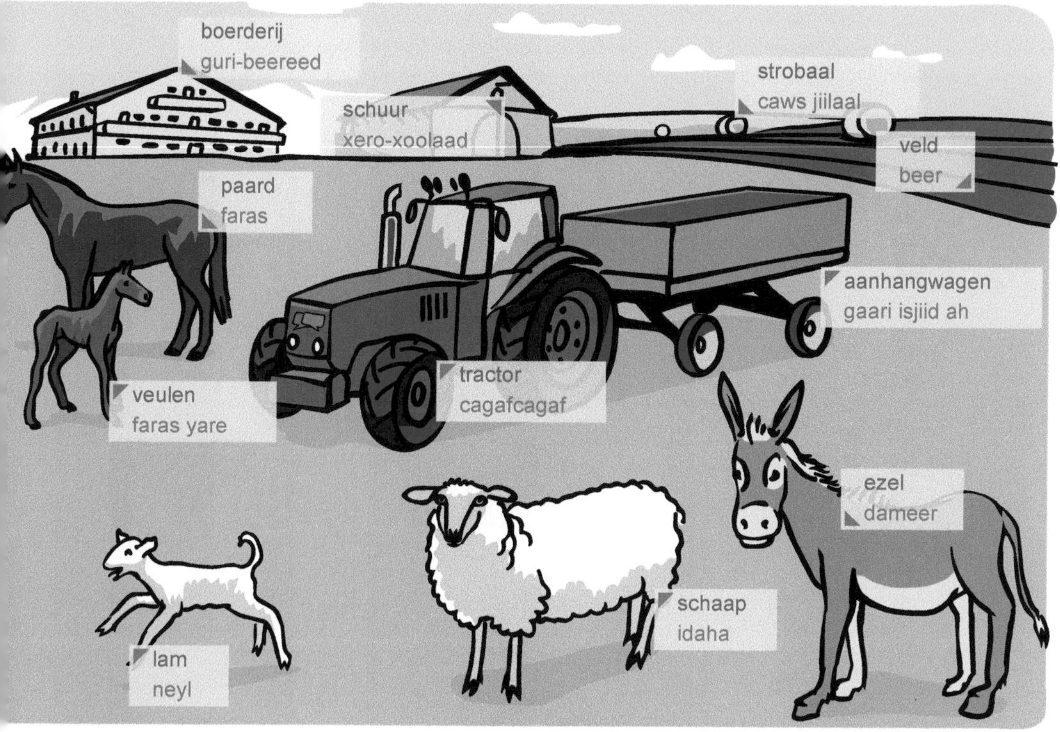

boerderij
guri-beereed

schuur
xero-xoolaad

strobaal
caws jiilaal

veld
beer

paard
faras

aanhangwagen
gaari isjiid ah

veulen
faras yare

tractor
cagafcagaf

ezel
dameer

schaap
idaha

lam
neyl

geit
ri'

koe
sac

kalf
weyl

varken
doofaar

biggetje
dhal doofaar

stier
dibi

gans

bawaato lab

eend

bawaato

kuiken

jiijiile

kip

digaag

haan

diiq

rat

doolli

kat

bisad

muis

jiir

os

dibi

hond

eey

hondenhok

hoyga eeyga

tuinslang

tuubbo waraab

gieter

sakeelka waraabinta

zeis

gudin

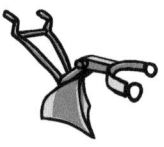

ploeg

carro-roge

sikkel
gudin

schoffel
yaambo

hooivork
fargeeto caws-beereed

bijl
faas

kruiwagen
gaari -gacan

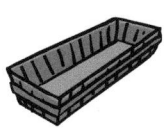

trog
dar

melkkan
dhalada caanaha

zak
jawaan

hek
deer

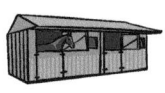

stal
xero xooleed

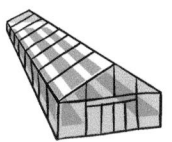

broeikas
gur-biqlin-dhireed

bodem
cildda

zaad
abuuka

mest
bacrimiye

maaidorser
cagafta beer-goynta

oogsten

beer-goyn

oogst

beer-gooyn

yam

moxog

tarwe

sarreen

soja

soya

aardappel

baradho

maïs

galley

koolzaad

geed-saliideed

fruitboom

geed mirood

maniok

moxog

graan

firiley

huis
guri

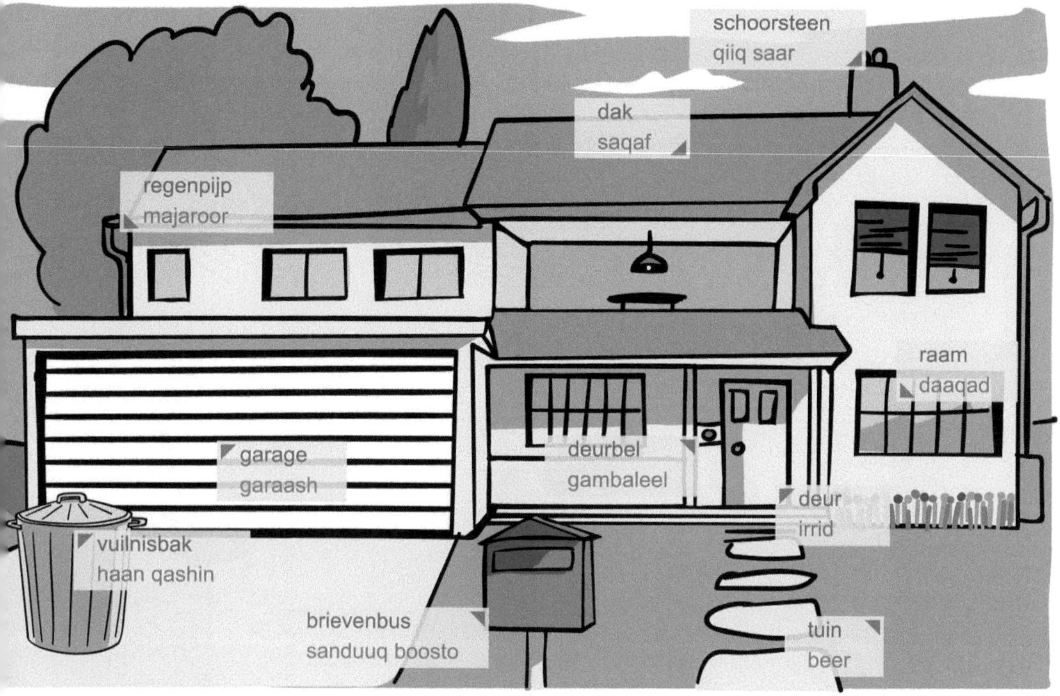

schoorsteen
qiiq saar
dak
saqaf
regenpijp
majaroor
raam
daaqad
garage
garaash
deurbel
gambaleel
deur
irrid
vuilnisbak
haan qashin
brievenbus
sanduuq boosto
tuin
beer

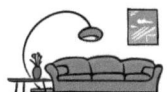

woonkamer

qol jiib

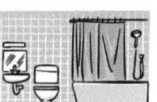

badkamer

musqul-qubeys

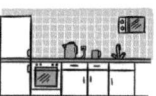

keuken

jiko

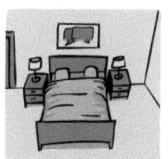

slaapkamer

qolka jiifka

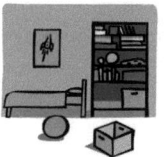

kinderkamer

qolka ilmaha

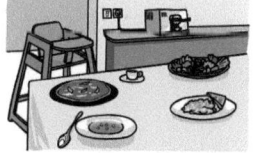

eetkamer

qolka cuntada

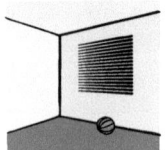

vloer

sagxad

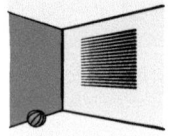

muur

derbi

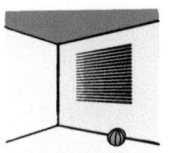

plafond

saqaf

kelder

makhaasiin

sauna

soona

balkon

balakoon

terras

daarad

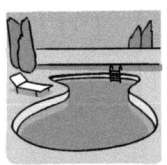

zwembad

barkad

grasmaaier

caws-jare

dekbedovertrek

buste

dekbed

go'

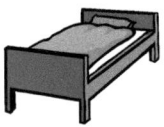

bed

sariir

bezem

xaaqin

emmer

baaldi

schakelaar

daare-damiye

woonkamer
qol jiib

behangpapier
sharaaxd-derbi
foto
sawir
lamp
feynuus
schap
qaanad
kast
armaajo
televisie
telefiishan
open haard
dab-shid
bloem
ubax
kussen
barkin
sofa
fadhi-carbeed
vaas
dheri-ubax
afstandsbediening
rimuud

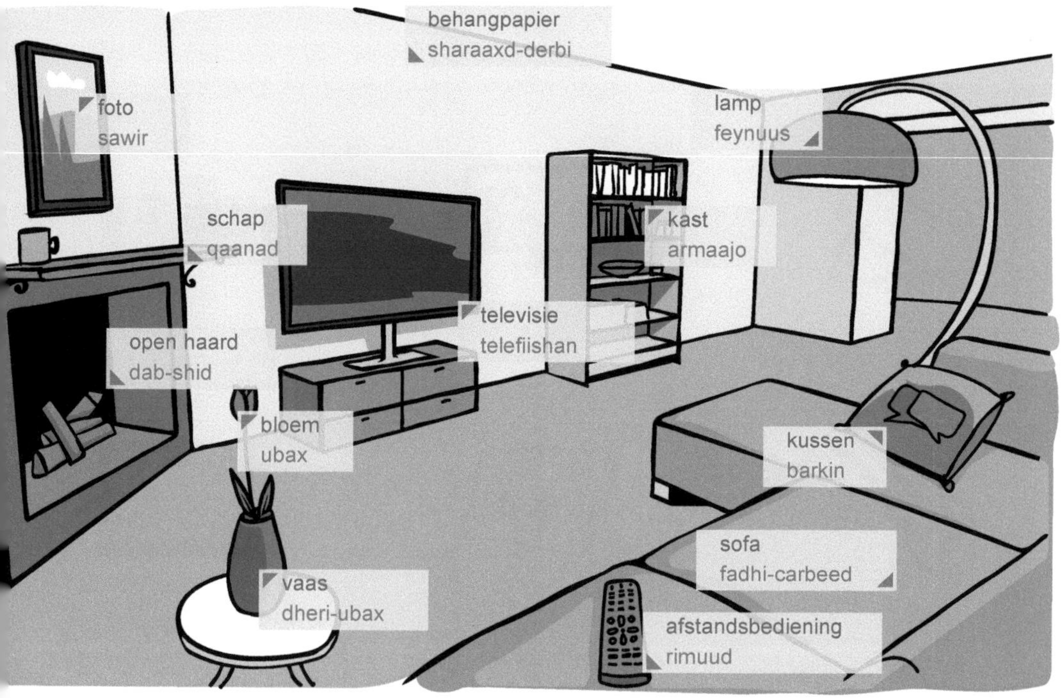

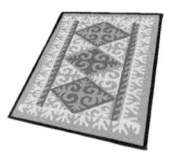

mat

roog

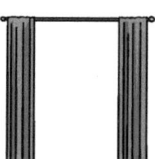

gordijn

daah

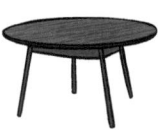

tafel

miis

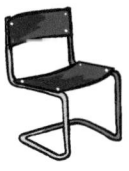

stoel

kursi

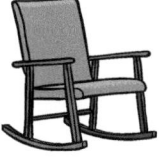

schommelstoel

kursi wareega

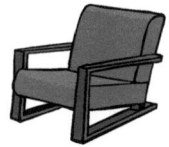

fauteuil

kursi fadhi

boek
buug

deken
buste

decoratie
qurxin

brandhout
xaabo

film
filin

stereo-installatie
cod-baahiye

sleutel
fure

krant
wargeys

schilderij
rinjiyeyn

poster
tabeelo

radio
raadiye

notitieboekje
xusuus-qor

stofzuiger
huufar

cactus
tiitiin

kaars
shumac

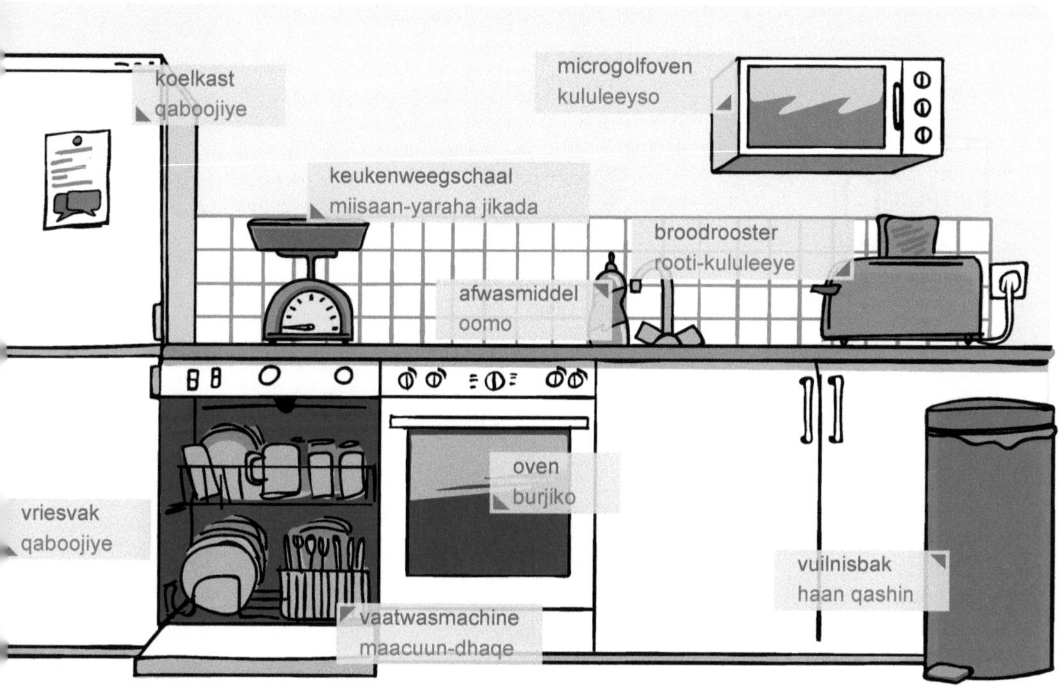

koelkast
qaboojiye

microgolfoven
kululeeyso

keukenweegschaal
miisaan-yaraha jikada

broodrooster
rooti-kululeeye

afwasmiddel
oomo

vriesvak
qaboojiye

oven
burjiko

vuilnisbak
haan qashin

vaatwasmachine
maacuun-dhaqe

fornuis
kuuker

pot
dheri

gietijzeren pot
birtaawo

wok / kadai
birtaawo

pan
birtaawo

waterkoker
kirli

stoomkoker

uumiye

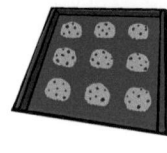

bakplaat

saxaarad dubista

servies

maacuun

mok

bakeeri

kom

baaquli

eetstokjes

qoryo wax lagu cuno

pollepel

malqacad

spatel

qaado

garde

folow

vergiet

miire

zeef

shashaq

rasp

qudaar-jare

mortier

mooye

barbecue

hilib-sol

haardvuur

dab

snijplank
alwaaxa wax-jar-jarka

deegrol
ul jabaati

kurkentrekker
guf-saare

blik
gasac

blikopener
gasac-fure

pannenlap
istaraasho-jiko

gootsteen
saxanka-alaab-dhaqa

borstel
caday

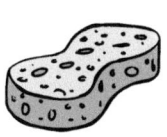

spons
isbuunyo

blender
shiide

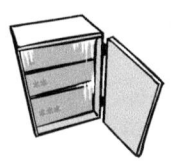

vriezer
qaabojin qoto-dhoor

papfles
masaasad

kraan
tuubbo

badkamer
musqul-qubeys

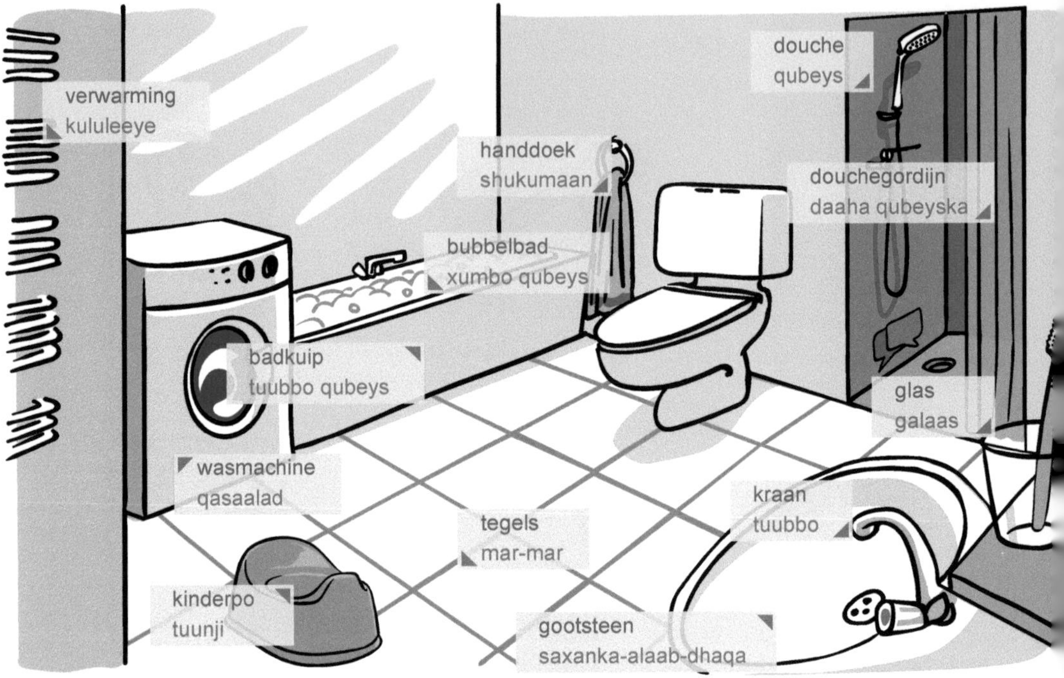

verwarming
kululeeye
handdoek
shukumaan
douche
qubeys
douchegordijn
daaha qubeyska
bubbelbad
xumbo qubeys
badkuip
tuubbo qubeys
glas
galaas
wasmachine
qasaalad
kraan
tuubbo
tegels
mar-mar
kinderpo
tuunji
gootsteen
saxanka-alaab-dhaqa

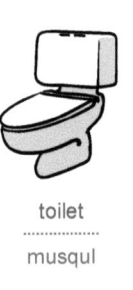

toilet

musqul

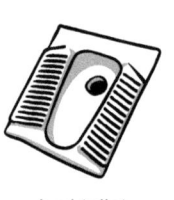

hurktoilet

musqusha fadhiga

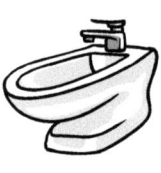

bidet

siin

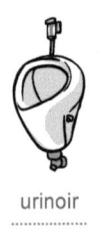

urinoir

weel kaadi

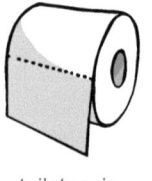

toiletpapier

tiish musqul

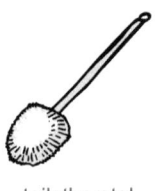

toiletborstel

burushka musqusha

tandenborstel

caday

tandpasta

daawo caday

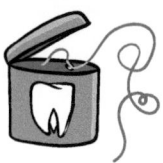

flosdraad

dunta ilka farashada

wassen

dhaq

handdouche

gacan qubeys

bidethanddouche

tuubo-musqul

waskom

beeshin

rugborstel

burush-qubeys

zeep

saabuun

douchegel

shaambo

shampoo

shaambo

washandje

cago-saar

afvoer

biyo-saare

crème

kareem

deodorant

carfiso

spiegel

muraayad

handspiegel

muraayad gacmeed

scheermes

sakiin

scheerschuim

xumbada xiirashada

aftershave

daawo gar-xiir

kam

shanlo

borstel

burush

haardroger

fooneeye

haarlak

timo-buufis

make-up

waji-qurxiye

lippenstift

rooseeto

nagellak

cidiyo-nadiifiye

watten

dun

nagelknipper

cidiyo-jar

parfum

baarafuun

toilettas

boorso-wajidhaq

kruk

saxaro

weegschaal

miisaan culays

badjas

dhar-qubeys

latex handschoenen

gacma gashi cinjir

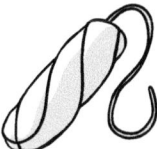

tampon

tambooni

maandverband

tiimshe

chemisch toilet

musqul kiimiko

kinderkamer
qolka ilmaha

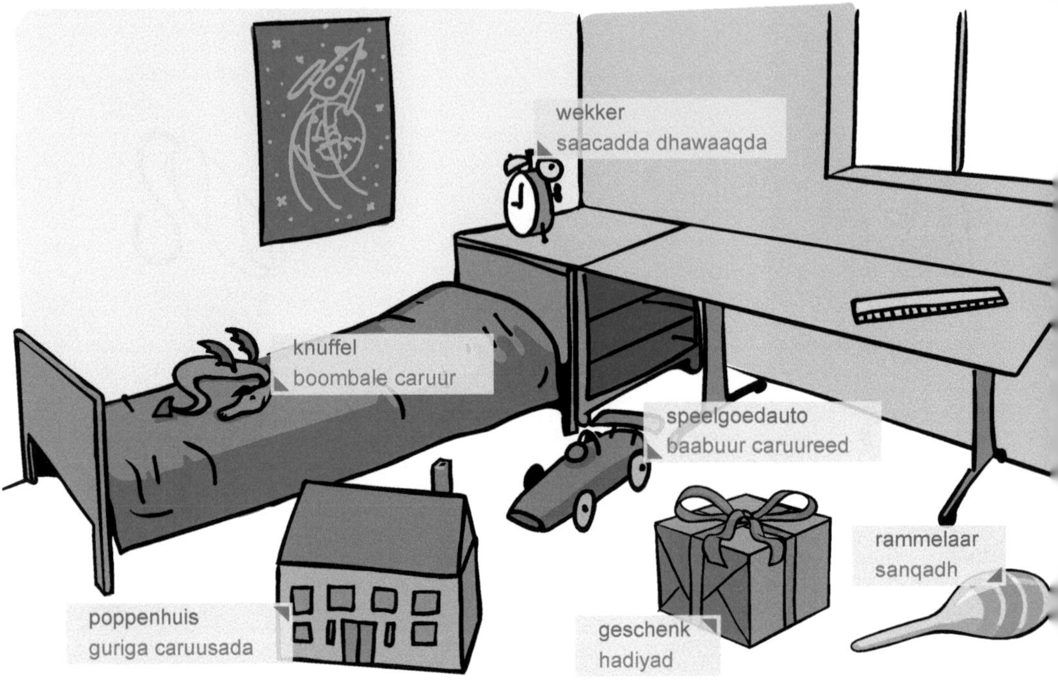
wekker
saacadda dhawaaqda
knuffel
boombale caruur
speelgoedauto
baabuur caruureed
rammelaar
sanqadh
poppenhuis
guriga caruusada
geschenk
hadiyad

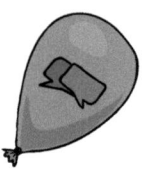

ballon

buufin

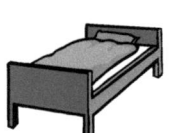

bed

sariir

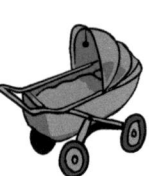

kinderwagen

gaariga caruurta

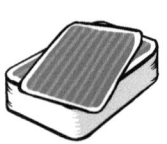

spel kaarten

turub

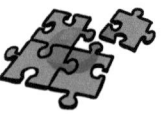

puzzel

miinshaar

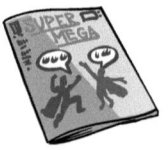

stripboek

maad

legoblokjes

bulkeeti boombale ah

blokken

tooy

actiefiguur

sanam

kruippakje

isku-jooga dhallaanka

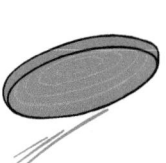

frisbee

aalad cayaar

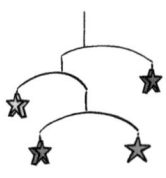

mobiel

moobaayl

bordspel

khamaar

dobbelsteen

laadhuu

modelspoorweg

moodo tareen

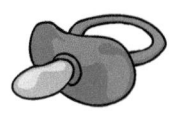

fopspeen

boombale

feest

xatlad

prentenboek

buug sawirro

bal

kubbad

pop

boombale

spelen

cayaar

zandbak

dhoobo-dhoobeey

schommel

wiifoow

speelgoed

alaab-alaabeey

spelconsole

geemka gacanta laga hago

driewieler

baaskiil

knuffelbeer

boombale

kleerkast

armaajo dhar

kleding

dhar

sokken

sigisaan

kousen

sigsaan haween

maillot

surwaal-dhuuqsan

sjaal
masar

paraplu
dallad

T-shirt
funaanad

riem
suun

sneakers
kabo tababar

laarzen
kabo buud

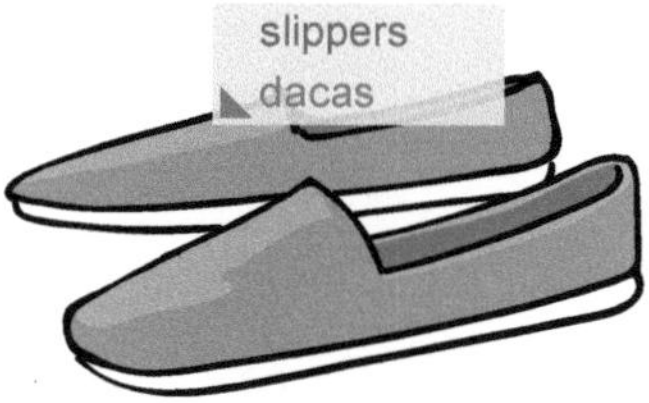

slippers
dacas

sandalen
saandalo

schoenen
kabo

rubberlaarzen
kabo roob

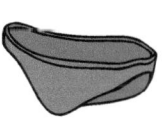

onderbroek
hoos-gashi

beha
rajabeeto

onderhemd
garan

lichaam
jir

broek
surwaal

jeans
surwaal jeenis

rok
goono

blouse
canbuur

hemd
shaati

trui
funaanad-dhaxameed

capuchontrui
garan dhaxameed

blazer
jaakad fudud

jas
jaakad

jas
koodh

regenjas
koodhka roobka

kostuum
dhar-munaasabadeed

jurk
labbis

trouwjurk
lebbis aroos

pak
suut

nachthemd
dhar-hurdo

pyjama
bajaamo

sari
saari

hoofddoek
masar

tulband
cimaamad

boerka
cabaayad

kaftan
saako

abaya
cabaayad

badpak
dharka-dabaasha

zwembroek
dabo-gaabyo

short
surwaal-dabagaab

trainingspak
taraak-suut

schort
dufan-dhowr

handschoenen
gacmo gashi

knoop

galluus

bril

ookiyaale

armband

jijin

ketting

silis

ring

faraati

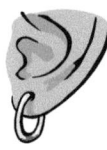

oorbel

dhego dhego

pet

koofiyo

kapstok

katabaan

hoed

koofiyad

das

garabaati

rits

jiinyeer

helm

helmed

bretellen

ilko-reeb

schooluniform

direes dugsi

uniform

direes

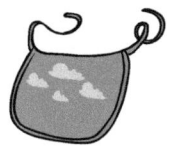

slabbetje

cayo-dhowr

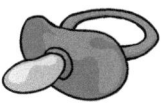

fopspeen

boombale

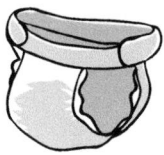

luier

maro-dufeed

kantoor
xafiis

server
khad-bixiye
dossierkast
armaajo feylal
printer
daabace
papier
warqad
monitor
shaashad
muis
hage kombuyuutar
bureau
miis
map
gal
toestenbord
teeb-kombuyuutar
papiermand
haan qashin-gur
computer
kombuyuutar
stoel
kursi

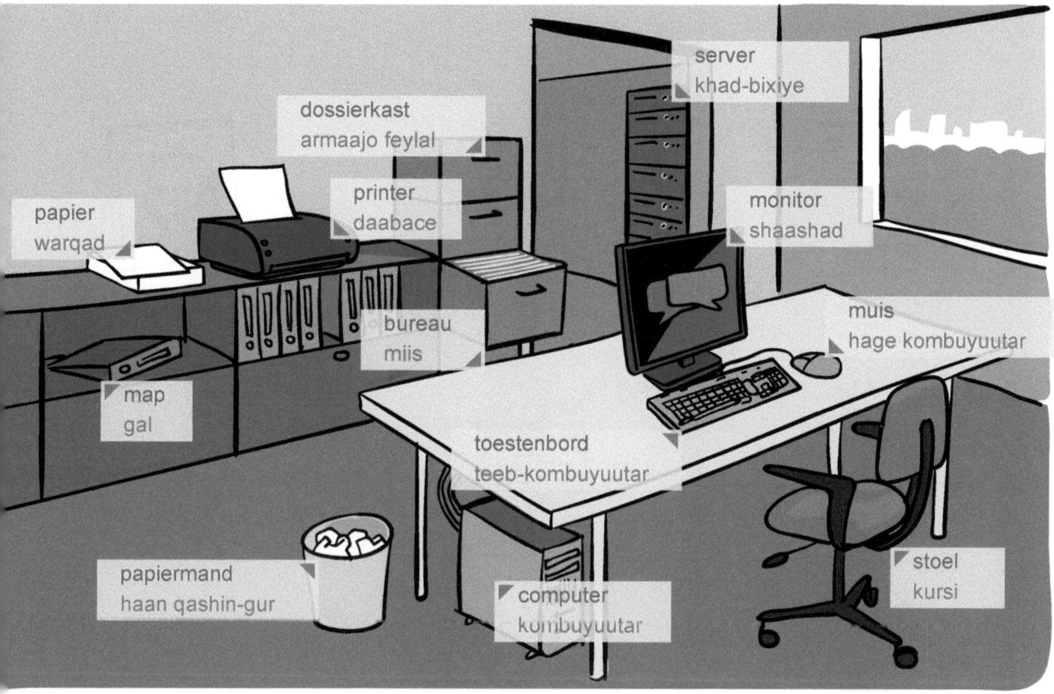

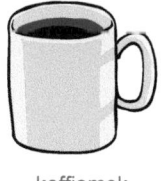

koffiemok

koob kafee

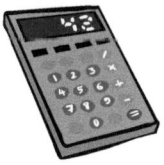

rekenmachine

kalkuleytar/xisaabiye

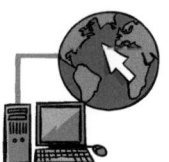

internet

internet

laptop
laabtoob

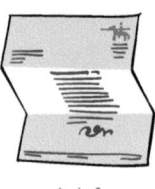

brief
bakhshad

bericht
fariin

gsm
moobaayl

netwerk
shabakad-kombuyuutar

kopieerapparaat
footokoobi

software
barnaamij-kombuyuutar

telefoon
telefoon

stopcontact
god koronto

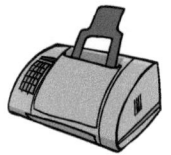

fax
mishiinkan fax-ka

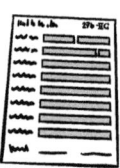

formulier
foomka

document
dokumenti

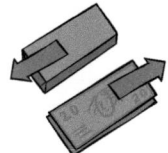

kopen

iibso

betalen

bixi

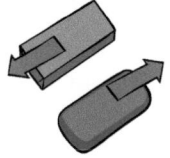

handelen

ganacso

geld

lacag

dollar

doollar

euro

yuuro

yen

yenka jabbaan

roebel

robolka ruushka

Zwitserse frank

Franka iswiiska

Chinese renminbi

lacagta shiinaha

roepie

rubiyada hindiga

geldautomaat

maqal

wisselkantoor

xafiiska sarrifaka lacagaha

goud

dahab

zilver

qalin

olie

shidaal

energie

tamar

prijs

qiime

contract

qandaraas

belasting

canshuur

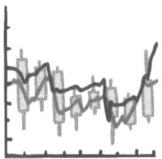

aandeel

raasumaal

werken

shaqee

werknemer

shaqaale

werkgever

shaqaaleysiiye

fabriek

warshad

winkel

dukaan

beroepen
shaqooyin

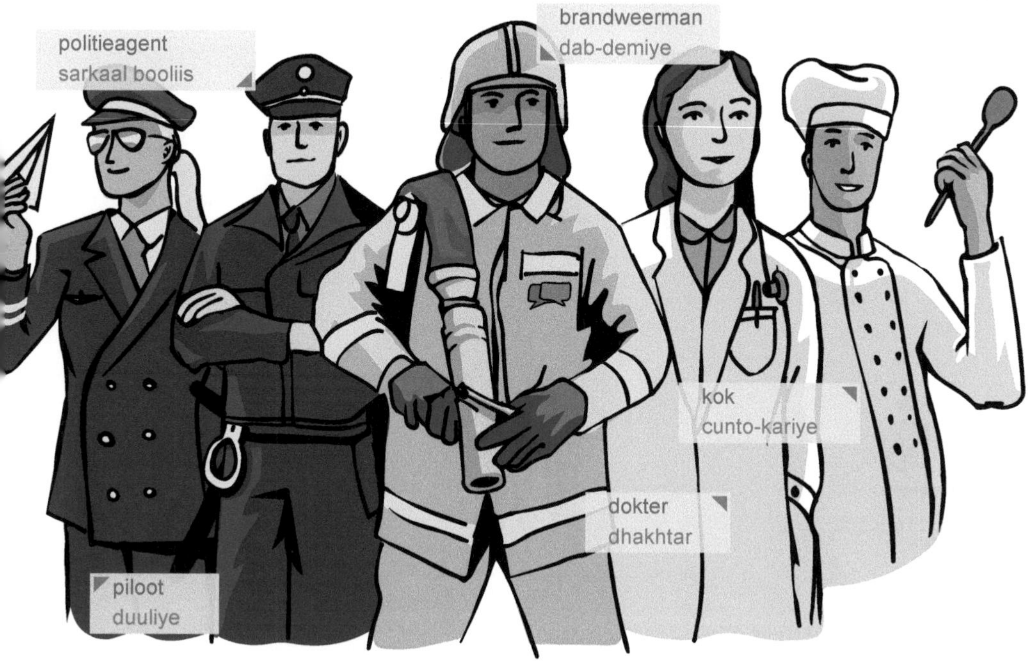

politieagent
sarkaal booliis
brandweerman
dab-demiye
kok
cunto-kariye
dokter
dhakhtar
piloot
duuliye

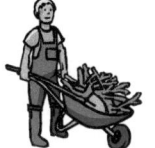

tuinman

beeralley

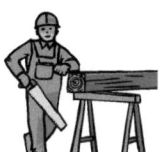

timmerman

nijaar

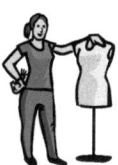

naaister

timo-qurxiso

rechter

qaaddi

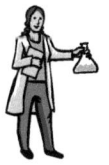

chemicus

farmashiiste

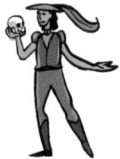

acteur

jile

buschauffeur

darawal bas

taxichauffeur

taksiile

visser

kalluumeyste

schoonmaakster

nadiifiso

dakdekker

saqaf-dhise

ober

kabalyeeri

jager

ugaarsade

schilder

rinjiile

bakker

rooti-dube

elektricien

koronto-yaqaan

bouwvakker

dhise

ingenieur

injineer

slager

kawaanle

loodgieter

tuubbiiste

postbode

boostaale

soldaat

askari

architect

injineer-dhismo

kassier

qasnaji

bloemist

ubax-yaqaan

kapper

timo-jare

conducteur

kiro-uruuriye

mecanicien

makaanik

kapitein

kabtan

tandarts

dhakhtar-ilko

wetenschapper

saaynisyahan

rabbijn

wadaad yahuud

imam

imaam

monnik

xerow

geestelijke

wadaad

werktuigen
qalab

hamer
dubbe
tang
biinsi
schroevendraaier
kashawiito
schroefsleutel
kiyaawe
zaklamp
toosh

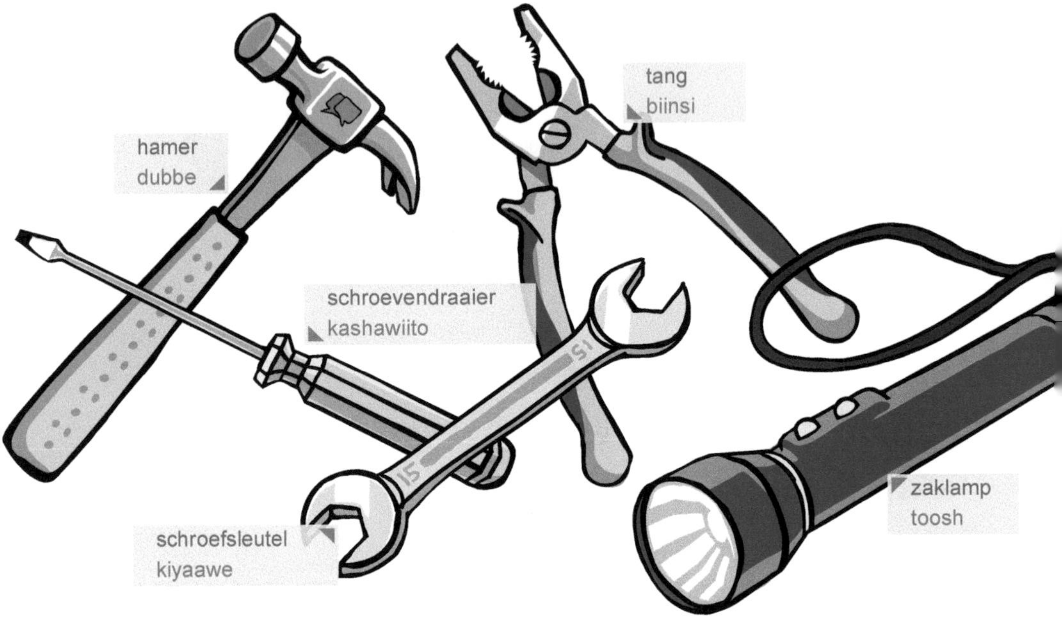

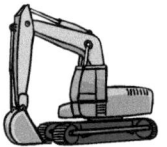

graafmachine

dhul-qoddo

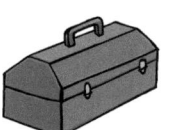

gereedschapskoffer

qalab-xajiye

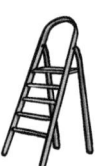

ladder

jaraanjaro

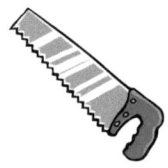

zaag

miinshaar

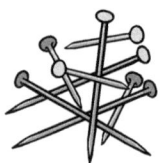

spijkers

musbaarro

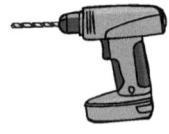

boormachine

dalooliye

repareren

dayactir

schop

badiil

Verdomme!

inkaar kugu dhacday!

blik

bus-xaabiye

verfpot

gasacad rinji

schroeven

boolal

muziekinstrumenten
qalab muusiko

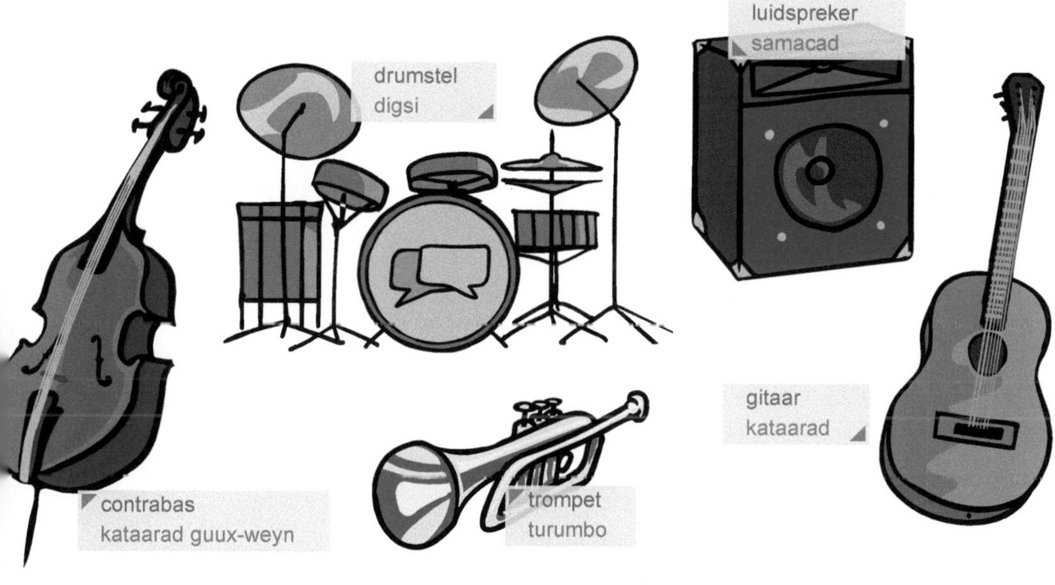

luidspreker
samacad

drumstel
digsi

gitaar
kataarad

contrabas
kataarad guux-weyn

trompet
turumbo

piano

biyaano

viool

fiyooliin

basgitaar

karaarad guux-dheer

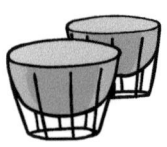

pauk

durbaan-sheegagle

trommels

durbaan

keyboard

loox-xarfeed-biyaano

saxofoon

turumbo

fluit

siin-baar

microfoon

makarafoon

zoo
beer-xayawaan

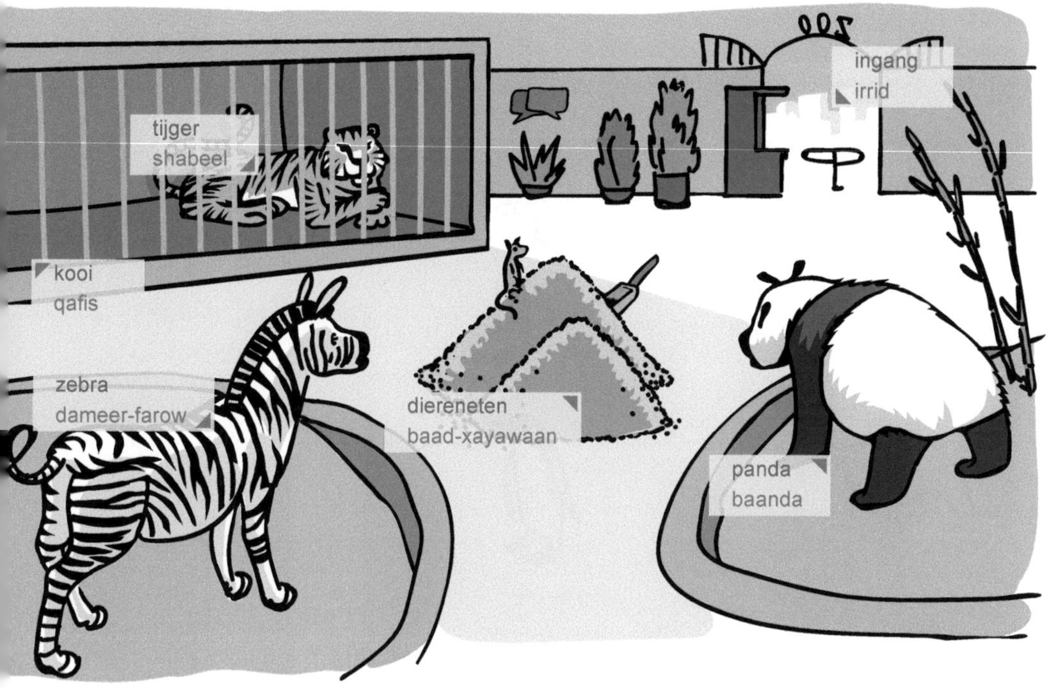

zoo
tijger
shabeel
ingang
irrid
kooi
qafis
zebra
dameer-farow
dierenten
baad-xayawaan
panda
baanda

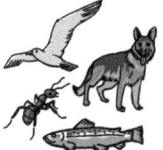

dieren

xayawaan

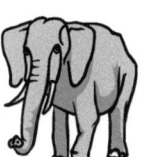

olifant

maroodi

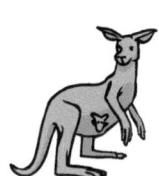

kangoeroe

kaangaruu

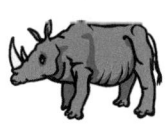

neushoorn

wiyil

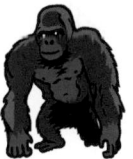

gorilla

goriille

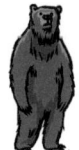

beer

oorso

kameel

geel

struisvogel

gorayo

leeuw

libaax

aap

daanyeer

flamingo

xiita-luga-dheer

papegaai

baqbaqaa

ijsbeer

oorso baraf-ku-nool

pinguïn

shimbir baraf

haai

libaax-badeed

pauw

daa'uus

slang

mas

krokodil

yaxaas

dierenverzorger

beer-xayawaan ilaaliye

zeehond

bahal kalluun-cun

jaguar

shabeel-u-eke

pony

dhal faras

luipaard

harmacad

nijlpaard

jeer

giraffe

geri

adelaar

gorgor

wild zwijn

doofaar-jilibeey

vis

kalluun

zeeschildpad

qubo

walrus

maroodi-badeed

vos

dawaco

gazelle

deero

rugby
kubadda-cagta maraykanka

wielrennen
tartanka bashkuleetiga

tennis
kubbadda miiska

basketbal
kubbadda koleyga

zwemmen
dabaal

boksen
cayaarta feerka

ijshockey
hookiga barafka lagu d

voetbal

kubadda cagta

badminton

baadminton

atletiek

ciyaaraha fudud

handbal

kubadda gacanta

skiën

iskii/ciyaarta barafka

polo

cayaar-faras

springen
boodid

knuffelen
hab-siin

lachen
qosol

wandelen
soco

zingen
hees

dromen
riyo

bidden
duceyso

kussen
dhunkasho

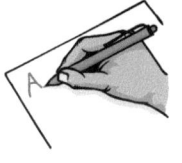

schrijven

qorraxeed

tekenen

masawirid

tonen

muuji

duwen

riix

geven

sii

nemen

qaado

hebben

haysasho

doen

samee

zijn

ahaansho

staan

istaag

lopen

orod

trekken

jiid

gooien

tuur

vallen

dhicid

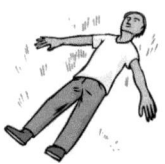

liggen

been-sheegid

wachten

sug

dragen

qaad

zitten

fariiso

aankleden

labiso

slapen

seexo

ontwaken

toos

kijken naar

fiiri

wenen

ooy

aaien

dhuftay

kammen

shanleyso

praten

hadal

begrijpen

faham

vragen

weydii

luisteren

dhageysasho

drinken

cab

eten

cun

opruimen

habee

houden van

jacayl

koken

kari

rijden

kaxee

vliegen

duulid

zeilen

shiraaco

rekenen

xisaabi

Lezen

akhri

leren

barasho

werken

shaqee

trouwen

guurso

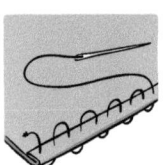

naaien

tol

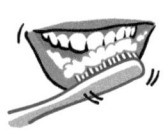

tandenpoetsen

cadayso

doden

dilid

roken

sigaar cab

sturen

dir

grootmoeder
ayeeyo

grootvader
awoowe

vader
aabbe

moeder
hooyo

baby
ilmo

dochter
gabar

zoon
wiil

gast

marti

tante

eeddo

oom

adeer

broer

walaal rag

zus

walaal dumar

lichaam

jir

voorhoofd
fool
oog
il
schouder
garab
vinger
far
gezicht
weji
kin
gar
hand
gacan
been
lug
borst
naas
arm
cudud

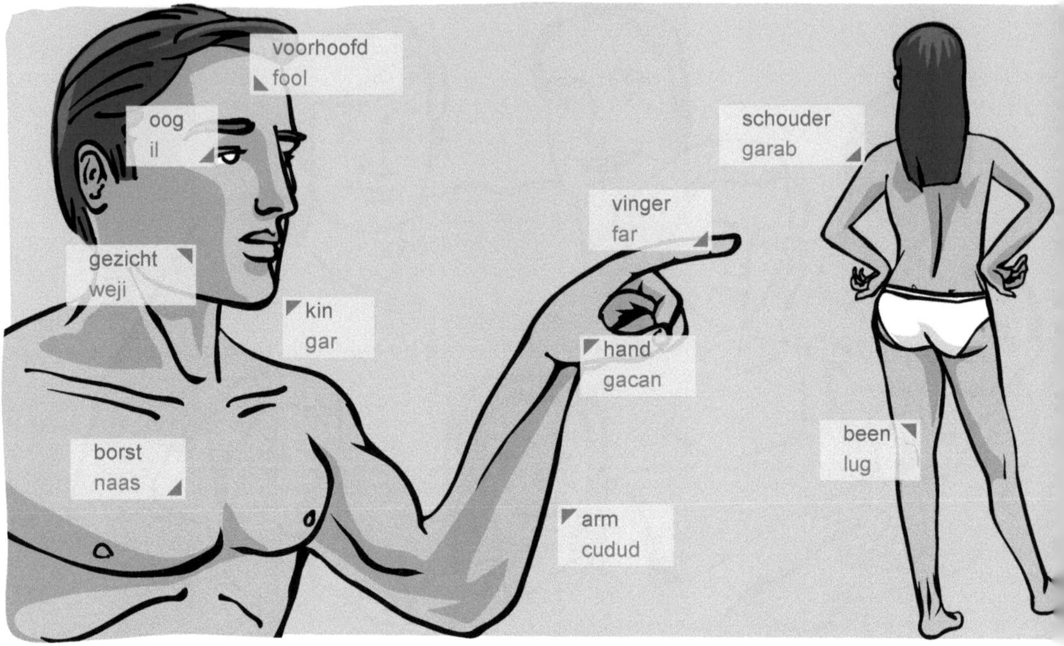

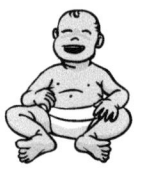

baby
ilmo

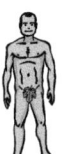

man
nin

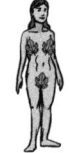

vrouw
naag

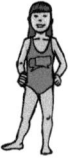

meisje
gabar

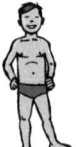

jongen
wiil

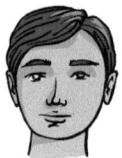

hoofd
madax

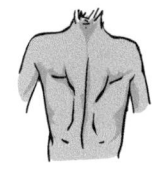

rug
dhabar

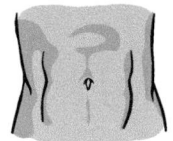

buik
calool

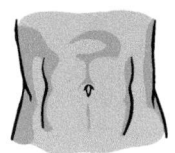

navel
xuddun

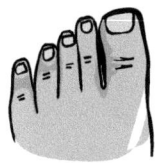

teen
suul

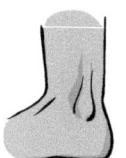

hiel
cirib

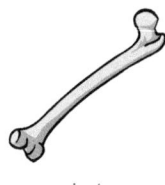

bot
laf

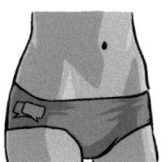

heup
sin

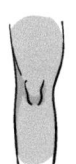

knie
jilib

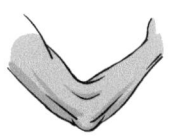

elleboog
xusul

neus
san

zitvlak
barI

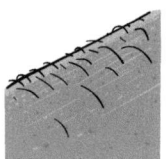

huid
maqaar

wang
dhafoor

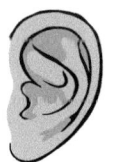

oor
dheg

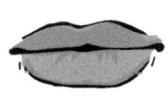

lip
bishin

mond
af

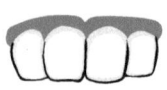

tand
ilig

tong
carrab

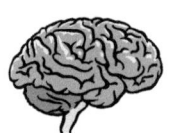

hersenen
maskax

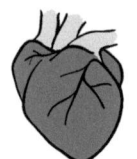

hart
wadno

spier
muruq

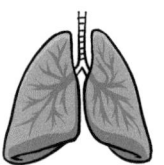

long
sambab

lever
beer

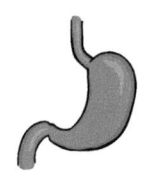

maag
uur kujirta caloosha

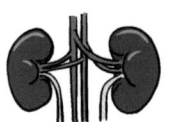

nieren
kelyo

seks
galmo

condoom
cinjir-galmo

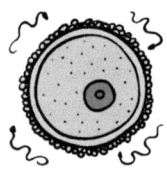

eicel
ugxan

sperma
shahwo

zwangerschap
uur

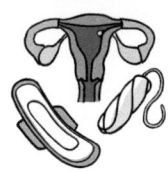

menstruatie

caado

vagina

siil

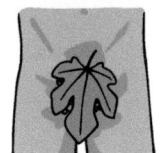

penis

gus

wenkbrauw

suni

haar

timo

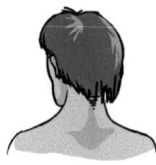

nek

qoor

ziekenhuis
isbitaal

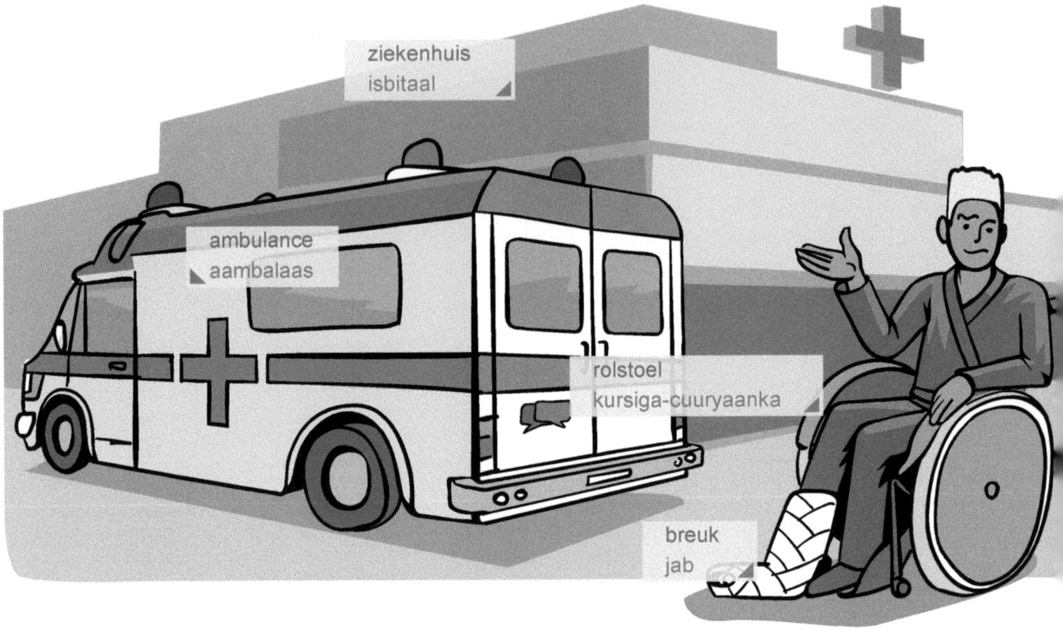

ziekenhuis
isbitaal
ambulance
aambalaas
rolstoel
kursiga-cuuryaanka
breuk
jab

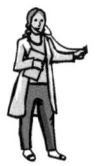

dokter

dhakhtar

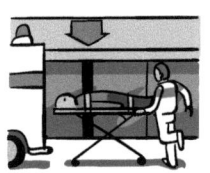

spoed

qolka xaaladaha-degdega ah

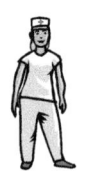

verpleegkundige

kalkaaliye

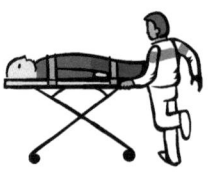

noodgeval

xaalad deg-deg ah

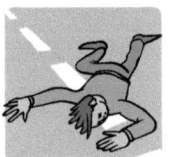

bewusteloos

miyir-beelsan

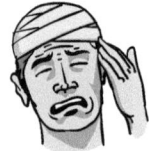

pijn

xanuun

verwonding

dhaawac

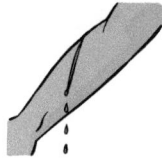

bloeding

dhiig-bax

hartaanval

wadno-xanuun

beroerte

qallal

allergie

xasaasiyad

hoest

qufac

koorts

qandho

griep

hargab

diarree

shuban

hoofdpijn

madax-xanuun

kanker

kansar

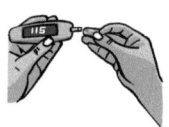

diabetes

cudurka sokoroow

chirurg

dhakhtarka-qalliinka

scalpel

mindida qalliinka

operatie

qalliin

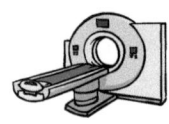

CT
iskaan

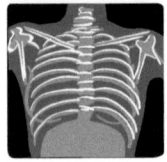

röntgenstraal
raajo

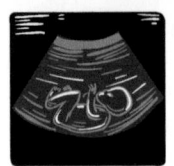

ultrageluid
dhawaaq-xawaareed

gezichtsmasker
maaskaro

ziekte
cudur sokoroow

wachtkamer
qolka sugitaanka

kruk
ul lagu boodo

pleister
kab

verband
faashato

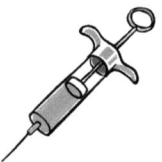

injectie
duris

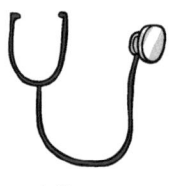

stethoscoop
wadne-dhegeyeste

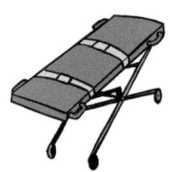

brancard
balankiino

thermometer
heer-kul-beega qandhada

geboorte
dhalasho

overgewicht
aad-u-cayilan

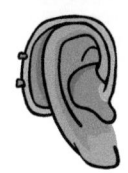

hoorapparaat

maqal-caawiye

ontsmettingsmiddel

jeermis-dile

infectie

caabuq

virus

feyras

HIV / AIDS

AYDHIS/HIV

medicijn

daawo

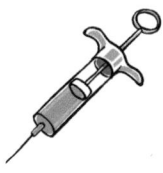

vaccinatie

tallaal

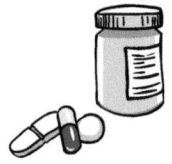

tabletten

kaniiniyo

pil

kaniin

noodoproep

wicitaan deg-deg ah

bloeddrukmeter

cabbiraha dhiig-karka

ziek / gezond

xanuunsan / caafimaadsan

Help!
i caawiya!

alarm
sawaxan

overval
weerar-kadisa ah

aanval
weerar

gevaar
khatar

nooduitgang
irridda bixida xaalad-deg-
deg

Brand!
dab!

brandblusser
dab demiye

ongeval
shil

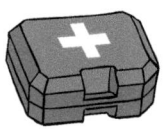

EHBO-kit
saduuqa xaalada-degdega
ah

SOS
codsi badbaado

politie
booliis

Europa

Yurub

Noord-Amerika

woqooyiga ameerika

Zuid-Amerika

koonfurta ameerika

Afrika

Afrika

Azië

Aasiya

Australië

Oostareeliya

Atlantische Oceaan

Atlaantik

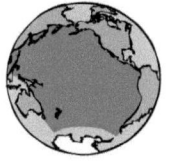

Stille Oceaan

Pacific

Indische Oceaan

Bad-waynta hindiya

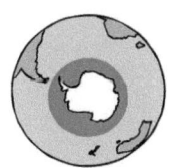

Antarctische Oceaan

Bad-waynta antarctica

Arctische Oceaan

Bad-waynta arctic

Noordpool

cirifka waqooyi

Zuidpool

cirifka koonfureed

Antarctica

Antarctica

aarde

dhul

land

dhul

zee

bad

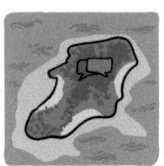

eiland

jasiirad

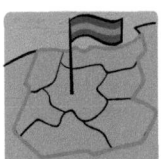

natie

waddan

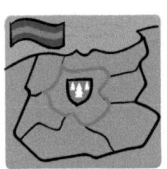

staat

gobol

wijzerplaat

wajiga saacadda

uurwijzer

gacanka saacada

minuutwijzer

gacanka daqiiqada

secondewijzer

gacanka ilbiriqsiga

Hoe laat is het?

waa intee saac?

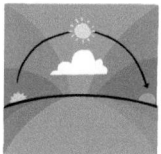

dag

maalin

tijd

wakhti

nu

hadda

digitale horloge

saacadda jiifarrada

minuut

daqiiqad

uur

saacad

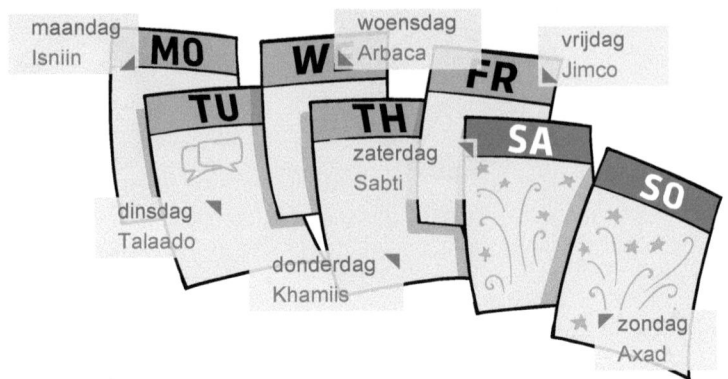

maandag
Isniin

woensdag
Arbaca

vrijdag
Jimco

dinsdag
Talaado

zaterdag
Sabti

donderdag
Khamiis

zondag
Axad

gisteren
....
shalay

vandaag
....
maanta

morgen
....
berri

ochtend
....
subax

middag
....
duhur

avond
....
casir

werkdagen
....
maalmaha shaqo

weekend
....
dabayaaqada usbuuca

jaar
sanad

regen
roob
regenboog
qaanso-roobaad
sneeuw
roob-baraf
wind
dabayl
lente
gu'
herfst
deyr
zomer
xagaa
winter
jiilaal

4.APRIL 11°
5.APRIL 4°
6.APRIL 13°
7.APRIL 8°
8.APRIL 10°

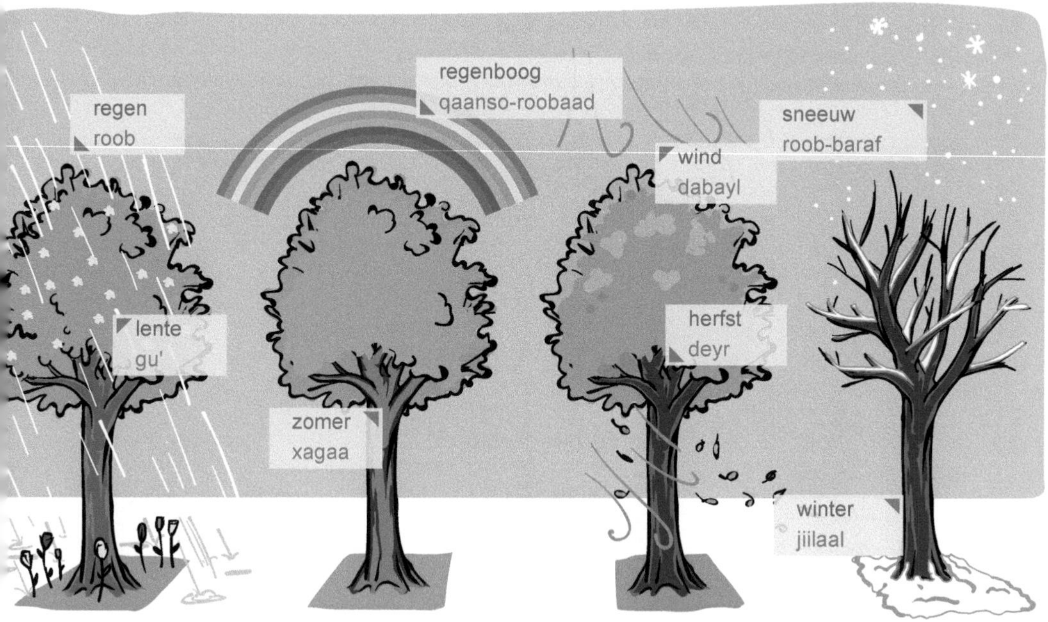

weervoorspelling

saadaal hawo

F
C

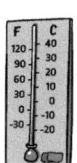

thermometer

heer-kul baare

zonneschijn

qorraxeed

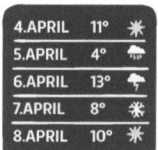

wolk

daruur

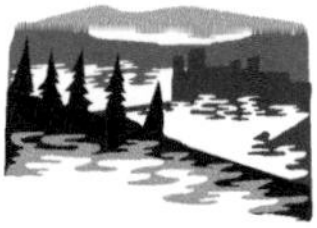

mist

ceeryaamo

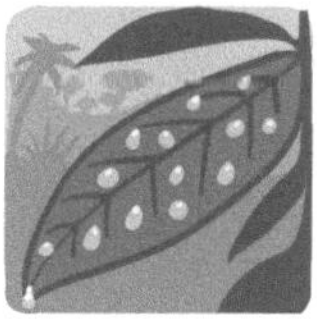

vochtigheid

huur

bliksem

jac

donder

onkod

storm

duufaan

hagel

roob-baraf

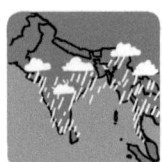

moesson

maansuun

overstroming

daad

ijs

baraf

januari

Jannaayo

februari

Febraayo

maart

Maarso

april

Abriil

mei

Mey

juni

Juun

juli

Luulyo

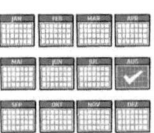

augustus

Agoosto

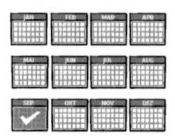

september
....
Sebteember

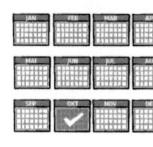

oktober
....
Oktoobar

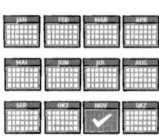

november
....
Nofeember

december
....
Diseember

vormen
qaababka

cirkel
....
goobaabo

kwadraat
....
afar-gees

rechthoek
....
leydi

driehoek
....
saddex-xagal

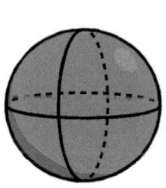

bol
....
wareeg

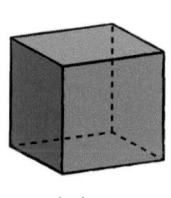

kubus
....
bokis

midabbo

wit

caddaan

geel

hurdi

oranje

oranji

roze

guduud-khafiif

rood

casaan

paars

carwaajis

blauw

bluug

groen

cagaar

bruin

boroon

grijs

cawl

zwart

madow

veel / weinig
badan / yar

boos / kalm
caro / daganaan

mooi / lelijk
qurxoon / foolxun

begin / einde
billow / dhammaad

groot / klein
yar / weyn

licht / donker
iftiin / mugdi

broer / zus
walaalkaa / walaashaa

proper / vuil
nadiif / wasakhaysan

volledig / onvolledig
buuxa / dhantaalan

dag / nacht
maalin / habeen

dood / levend
dhintay / nool

breed / smal
ballaaran / ciriiri ah

eetbaar / oneetbaar

la cuni karo / aan la cuni karin

kwaadaardig / vriendelijk

arxan-daran / naxariis-badan

opgewonden / verveeld

faraxsan / caajisan

dik / dun

buuran / caateysan

eerst / laatst

ugu horeeya / ugu dambeeya

vriend / vijand

saaxiib / cadaw

vol / leeg

maran / buuxa.

hard / zacht

adag / jilicsan

zwaar / licht

culus / fudud

honger / dorst

gaajo / oon

ziek / gezond

xanuunsan / caafimaadsan

illegaal / legaal

sharci-darro / sharci

intelligent / dom

caaqil / dabbaal

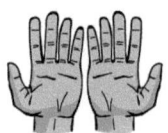

links / rechts

bidix / midig

dichtbij / veraf

dhow / fog

nieuw / gebruikt
cusub / duug

niets / iets
waxba / wax

oud / jong
da' / dhalinyar

aan / uit
daaris / damin

open / dicht
furan / xiran

stil / luid
aamusnaan / cod-dheer

rijk / arm
taajir / sabool

juist / fout
sax / khalad

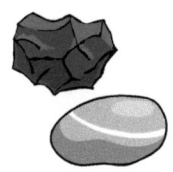

ruw / glad
jilif leh / sabiibax

droevig / blij
murugsan / faraxsan

kort / lang
gaaban / dheer

traag / snel
tartiib / dhaqsi

nat / droog
qoyaan / qalleyl

warm / koud
qandac / qabow

oorlog / vrede
dagaal / nabad

0

nul

eber

1

één

kow

2

twee

laba

3

drie

saddex

4

vier

afar

5

vijf

shan

6

zes

lix

7

zeven

toddoba

8

acht

sideed

9

negen

sagaal

10

tien

toban

11

elf

kow iyo toban

12

twaalf

laba iyo toban

13

dertien

sadex iyo toban

14

veertien

afar iyo toban

15

vijftien

shan iyo toban

16

zestien

lix iyo toban

17

zeventien

todoba iyo toban

18

achtien

sideed iyo toban

19

negentien

sagaal iyo toban

20

twintig

labaatan

100

honderd

boqol

1.000

duizend

kun

1.000.000

miljoen

malyuun

Engels

Af ingiriis

Amerikaans Engels

Ingiriiska Mareykanka

Chinees (Mandarijn)

Mandariinka Shiinaha

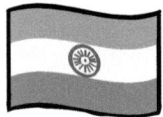

Hindi

Hindi

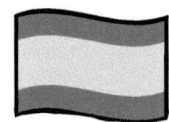

Spaans

Boortaqiis

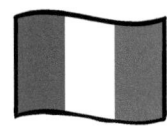

Frans

Faransiis

Arabisch

Carabi

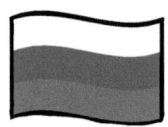

Russisch

Ruush

Portugees

Boortaqiis

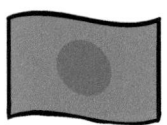

Bengali

Bengaali

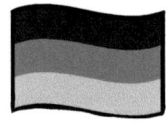

Duits

Jarmal

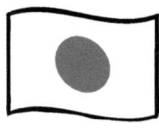

Japans

Jabaaniis

ik

aniga

u

adiga

hij / zij / het

asaga / ayada

wij

annaga

u

idinka

ze

ayaga

wie?

kee?

wat?

maxay?

hoe?

sidee?

waar?

xagee?

wanneer?

goorma?

naam

magac

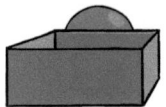

achter

gadaal

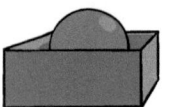

in

gudaha

voor

horta

boven

ka sare

op

dusha

onder

ka hooseeya

naast

dhinac

tussen

u dhexeeya

plaats

meel